juillet   août   septembre   octobre   novembre   décembre

L'imagerie photos des saisons avec Moustilou la souris

Les enfants aiment que vous passiez du temps avec eux. Pour vous aider à développer leur langage dans la détente et la joie d'un moment d'échange partagé, *L'imagerie photos des saisons* est un merveilleux outil. Grâce aux représentations photographiques, votre enfant découvrira les caractéristiques de chaque saison (météo, vêtements, nature, activités, fêtes) et abordera ainsi la notion fondamentale du temps qui s'écoule.

Vous pouvez tout d'abord nommer les images en les désignant vous-même. Puis vous pouvez demander à votre enfant de montrer ce que vous nommez. Enfin, laissez-le nommer les images à chaque fois qu'il le souhaite. Observez ce qui intéresse votre enfant et discutez-en avec lui. En vous aidant des petites questions qui figurent sur chaque page et en vous inspirant des photos présentées, faites-lui raconter ce que fait MoustiLou la petite souris.

Ainsi vous favoriserez la communication et la capacité de dialoguer, si importantes pour le développement harmonieux de votre enfant.
Par sa richesse et sa fonction stimulante pour l'expression, *L'imagerie photos des saisons* deviendra un outil précieux dans votre rôle éducatif.

Isabelle Le Guay, orthophoniste

Coucou ! Je m'appelle MoustiLou et toi ?

le printemps   Où se cache MoustiLou ?   l'été

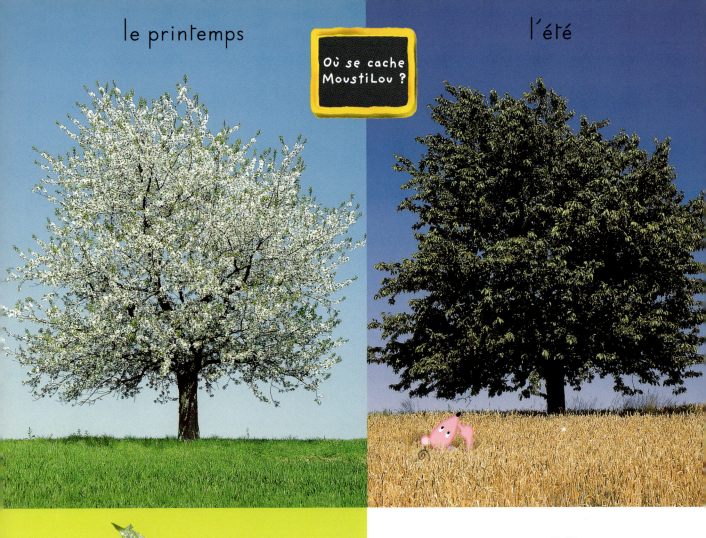

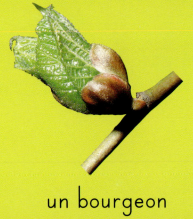

un bourgeon

un fruit

l'automne   l'hiver

une feuille

des brindilles

Le printemps

un jean

un gilet

Avec quoi joue MoustiLou ?

une jupe

des socquettes

des nuages

une mésange   des graines   un nid

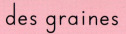
Quels animaux doivent briser leur coquille pour naître ?

un poussin

un lapereau   un agneau

une libellule

un ver de terre

une abeille

un têtard

Quel animal a des yeux comme ceux de la mouche ?

un iris

une mouche

une canne à pêche

une grenouille

Comment se déplace la grenouille ?

un ruisseau

un panier de pêcheur

un vélo

des marguerites

Quelles fleurs ont le plus de pétales ?

des boutons-d'or

un sac à dos

des fraises

des radis

Montre les fraises mûres.

un arrosoir

une tulipe

un tuyau d'arrosage

un panier

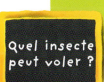

Quel insecte peut voler ?

une rose

une coccinelle

une chenille

des carottes

une cloche en chocolat

de la friture

Combien y a-t-il d'œuf tout rose ?

des jonquilles

des œufs de Pâques

une poule en chocolat

un papillon

Que cache-t-on dans le jardin à Pâques ?

une primevère

un filet à papillons

des pissenlits

L'été

des coquelicots

un tee-shirt

Quelle plante pique et gratte quand on la touche ?

une ortie

une robe

un short

Quel vêtement a des bretelles ?

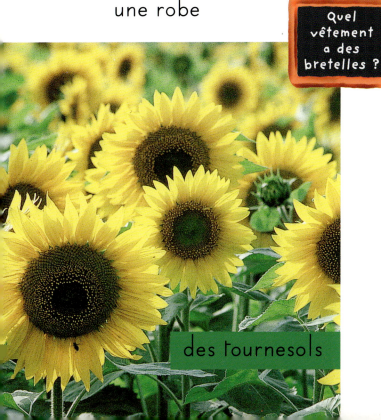

des tournesols

des sandales

un parasol

une pêche

des mûres

Quel fruit a des pépins ?

un melon

un pique-nique

une paille

des glaçons

un cornet de glace

Qu'est-ce qui fond au soleil ?

un verre

une glace à l'eau

du jus de fruits

un hamac

un transat

Dans quoi peux-tu te balancer ?

une tente

des lunettes de soleil

un short de bain

le soleil

une casquette

un maillot de bain

Que mets-tu pour te protéger du soleil ?

de la crème solaire

un bob

la mer

un appareil photo

des jumelles

Qu'est-ce qui te permet de voir très loin ?

la plage

un bateau en plastique

du sable

un château de sable

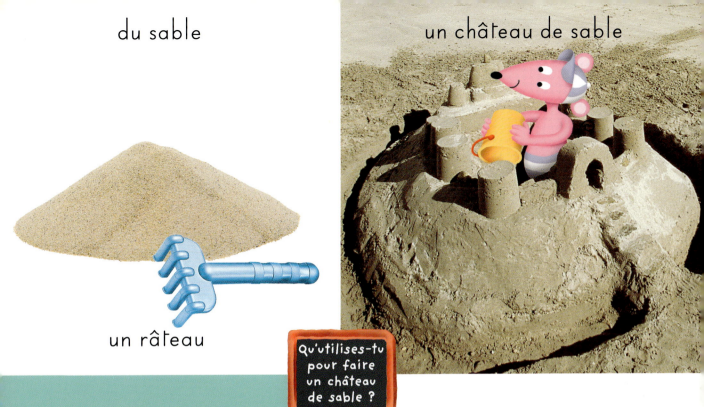

un râteau

Qu'utilises-tu pour faire un château de sable ?

une pelle

un seau

des moules en plastique

une piscine

Qu'est-ce qui se gonfle ?

un ballon

un lampion

un feu d'artifice

des confettis

Qu'est-ce qui se mange ?

des fanions

des cotillons

une barbe à papa

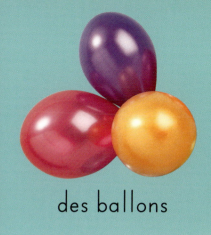
des ballons

une crêpe

une gaufre

un sifflet

un loup

L'automne

une salle de classe

un livre

Sur quoi écrit MoustiLou ?

un cartable

des feutres

de la colle

des gommettes

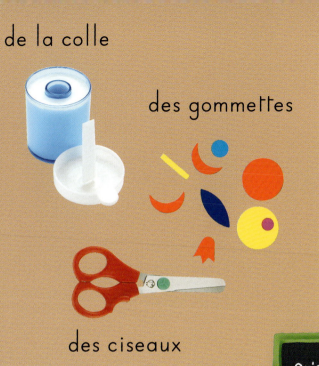

des ciseaux

de la pâte à modeler

Qu'est-ce qui roule ?

une peinture

des billes

un pinceau

un râteau

un escargot

des feuilles mortes

Que peux-tu ramasser dans la forêt ?

des fougères

du raisin

un hérisson

Qu'est-ce qui pique ?

des châtaignes

un champignon

des marrons

une poire

un gland

des noisettes

une limace

de la mousse

une pomme

une noix

un casse-noix

une fourmi

un écureuil

Qu'aime manger l'écureuil ?

une branche

une citrouille

une chauve-souris

un squelette

Qu'est-ce qui te fait le plus peur ?

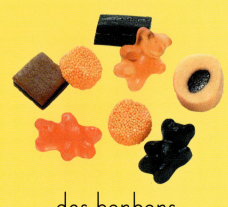

une boîte de maquillage

des bonbons

d'Halloween

une araignée

un fantôme

un chapeau de sorcière

Sur quoi vole la sorcière MoustiLou ?

un balai

L'hiver

> Quel est le fruit du sapin ?

un sapin

du gui

un cône

une veste polaire

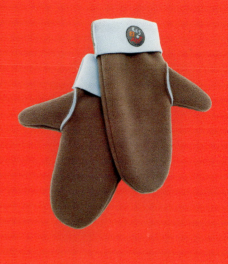

des moufles

Quels vêtements ont des poches ?

un anorak

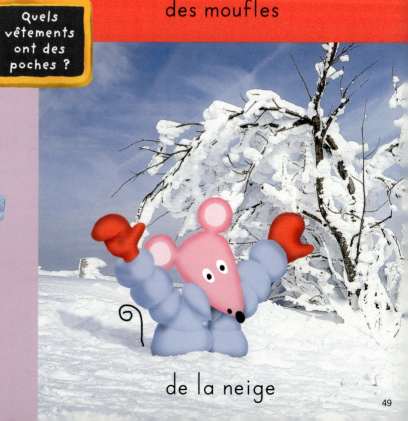

de la neige

une salopette

un bonnet

Que mets-tu autour du cou pour ne pas avoir froid ?

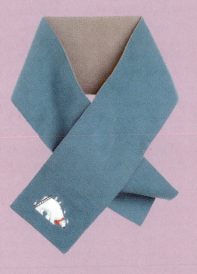

une écharpe

un pull-over

un bonhomme de neige

une montagne

des patins à glace

Qu'est-ce qui a des freins ?

une luge

Que mets-tu pour ne pas avoir froid dans ton lit ?

une bouillotte

une couverture

un duvet

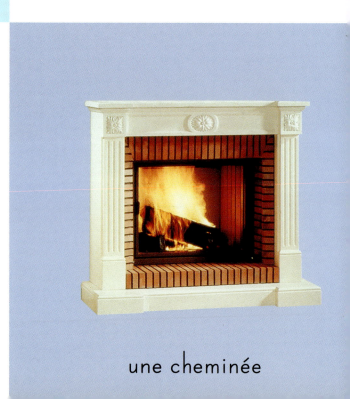

une cheminée

du chocolat chaud

des clémentines

Que préfères-tu manger ?

des oranges

de la soupe

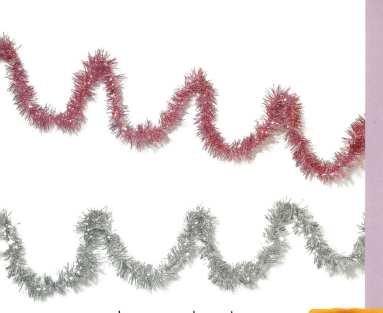

des guirlandes

une bougie

Avec quoi décores-tu le sapin ?

des boules

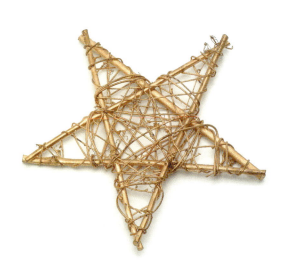

une étoile

Que fait MoustiLou ?

un arbre de Noël

une chaussette de Noël

un calendrier de l'Avent

du houx

Qu'accroches-tu pour décorer ta maison ?

des pommes de pin

une couronne de Noël

une boîte de chocolats

une bûche au chocolat

le Père Noël

un traîneau

Quel animal tire le traîneau du Père Noël ?

un renne

des cadeaux

INDEX

Le printemps, 5
L'été, 19
L'automne, 35
L'hiver, 47

A
abeille, 10
agneau, 8
anorak, 49
appareil photo, 28
après-ski, 52
araignée, 45
arbre de Noël, 57
arc-en-ciel, 6
arrosoir, 14

B
balai, 45
balles de paille, 22
ballon, 31
ballons, 33
barbe à papa, 32
bateau en plastique, 28
bâtons, 52
billes, 37
blé, 22
bob, 27
boîte de chocolats, 59
boîte de maquillage, 44
bonbons, 44
bonhomme de neige, 51
bonnet, 50
bottes, 39
bouée, 30
bougie, 56
bouillotte, 54
boules, 56
bourgeon, 2
boutons-d'or, 12
brassards, 30
branche, 43
brindilles, 3
brouillard, 38

C
cadeaux, 60
calendrier de l'Avent, 58
canne à pêche, 10

capuche, 39
carottes, 15
cartable, 36
casquette, 27
casse-noix, 42
chapeau de sorcière, 45
châtaignes, 41
château de sable, 29
chaussette de Noël, 58
chaussures, 38
chaussures de ski, 53
chauve-souris, 44
cheminée, 54
chemise, 6
chenille, 15
chocolat chaud, 55
ciseaux, 37
citrouille d'Halloween, 44-45
clémentines, 55
cloche en chocolat, 16
coccinelle, 15
colle, 37
combinaison, 52
cône, 48
confettis, 32
coquelicots, 20
cornet de glace, 24
cotillons, 32
couronne, 59
couverture, 54
crème solaire, 27
crêpe, 33

61

D
duvet, 54

E
écharpe, 50
écureuil, 43
escargot, 40
étoile, 56

F
fanions, 32
fantôme, 45
feu d'artifice, 32
feuille, 3
feuilles mortes, 40
feutres, 36
filet à papillons, 17
fougères, 40
fourmi, 42
fraises, 14
frelon, 22
fritures, 16
fruit, 2

G
gants, 52
gaufre, 33
gilet, 7
girouette, 13
glace à l'eau, 24
glaçons, 24

gland, 42
gommettes, 37
graines, 8
grenouille, 11
guêpe, 22
gui, 48
guirlandes, 56

H
hamac, 25
hérisson, 41
hirondelle, 9
houx, 58

I
imperméable, 39
iris, 10

J
jean, 7
jonquilles, 16
jumelles, 28
jupe, 7
jus de fruits, 24

L
lampion, 32
lapereau, 8
libellule, 10
lilas, 13
limace, 42

livre, 36
loup, 33
luge, 53
lunettes de soleil, 26

M
maillot de bain, 27
manteau, 39
marguerites, 12
marrons, 41
masque de plongée, 30
masque de ski, 52
melon, 13
mer, 28
mésange, 8
moissonneuse, 22
montagne, 53
mouche, 10
moufles, 49
moules en plastique, 29
mousse, 42
moustique, 22
muguet, 9
mûres, 23

N
neige, 49
nid, 8
noisettes, 42
noix, 42
nuages, 7

62

O
œufs de Pâques, 16
oranges, 55
ortie, 20

P
paille, 24
palmes, 30
panier, 15
panier de pêcheur, 11
papillon, 17
pâquerettes, 9
parapluie, 39
parasol, 23
pâte à modeler, 37
patins à glace, 53
pêche, 23
peinture, 37
pelle, 29
Père Noël, 60
pie, 9
pique-nique, 23
piscine, 31
pissenlits, 17
plage, 28
pluie, 38
poire, 42
pomme, 42
pommes de pin, 59
poule en chocolat, 17
poussin, 8

primevère, 17
pull, 50

R
radis, 14
raisin, 40
râteau, 29
râteau, 40
renne, 60
robe, 21
rose, 15
ruisseau, 11

S
sable, 29
sac à dos, 12
salle de classe, 36
salopette, 50
sandales, 21
sapin, 48
sauterelle, 22
seau, 29
serviette de plage, 30
short, 21
short de bain, 26
sifflet, 33
skis, 52
socquettes, 7
soleil, 26
soupe, 55

squelette, 44
surf des neiges, 52

T
tee-shirt, 20
tente, 25
têtard, 10
tongues, 30
tournesols, 21
traîneau, 60
transat, 25
trèfle, 9
tuba, 30
tulipe, 14
tuyau d'arrosage, 14

V
vélo, 12
ver de terre, 10
veste, 6
veste polaire, 49

63

Nous remercions pour leur aimable collaboration :

Société BIC pour les marques Bic® et Conté® ; César ; Décathlon-Baby ; Décathlon-Cycle ; Du Pareil Au Même ; Éveil & Jeux ; Hamac Maya ; Jacadi ; Jacquot, confiseur-chocolatier ; Jean-Paul Hévin, pâtissier chocolatier ; JeuJura ; Meubles Ikéa France S.N.C. ; Nature et Découvertes ; Outils Wolf ; Plein Ciel ; Quechua ; Photo Mickael Roulier/Picard surgelés ; Richard Le Dross ; Smoby

Ont participé à la réalisation de cet ouvrage :

L. Quellet, A. Elfassi, L. Maj, C. Moubinous pour Fujiyama, L. Bouton, B. Legendre

CRÉDITS PHOTOGRAPHIQUES

Le numéro correspond à celui de la page. Les lettres signifient :
h : haut ; b : bas ; d : droite ; g : gauche ; c : centre

BIOS : Ausloos H. : 20bd ; Balcaen C. : 58bd ; Beignet A. : 42hd ; Briongard D. : 10hdb ; 49 bd ; 51 ; Cahez F. : 9hg ; Cavignaux R. : 17bd ; Collection Leber : 59hg ; Courteau C. : 29hd ; Da Cunha T. : 15cg ; Delfino D. : 8hg ; Denis-Huot M. et C. : 15bgb ; Douillet J. : 40bg ; couverture, Etienne J.J. : 43 ; Fayot P. : 4-5 ; Grospas J. Y. : 11hg ; Gunther M. : 16bc ; Heuclin D. : 10hgb ; Halleux D. : 14hg ; Klein/Hubert : 34-35, 22hg, 41bgd, 48g, 48bd ; Lane M. : 9hd ; Lemoigne J.L. : 41bd ; Lenain H. : 10bg ; Lundberg B. : 9bd et pages de garde, mois de mai ; Malausa A. et J.C. : 9bc ; Mayet J. : 48hd ; Moreau T. : 42hc ; Bertani Tiziana : 13d ; Prevot J. M. : 22bdh ; Thonnerieux Y. : 17bg ; Van de Rostyne D. : 38h ; Ziegler J.L. et F. : 10bdh ; Zimermann J. L. : 12bg

COLIBRI : Roussel A. : 38bd ; Guerrier A. : 2bg ; Magnin D. : 21bg ; Granval Ph. : 20h ; Granval Ph. : 22hd ;

Lefevre M. : 42c ; Neveu P. : 46-47 ; Paumard J. L. : 22bdb

HOA-QUI : Bertrand P. : 60h

PHO.N.E : Grenet-Soumillard : 42cg ; Reinhart H. : couverture cerises ; Thiriet C. : 2hg ; 2hd ; 3hg ; 3hd

PHOTONONSTOP : Deschamps T. : 53g ; Meignan J.C. : 57 ; Villerot S. : 44-45c et pages de garde, mois d'octobre

MARC SCHWARTZ : 6bg ; 6bd ; 7hg ; 7hd ; 7bg ; 9bg ; 10hd ; 11hd ; 14hd ; 14bd ; 20bd ; 21hg ; 21hd ; 21bd ; 24bg ; 24hd ; 25hg ; 25hd ; 25 bd ; 26 hg ; 26 bd ; 28bc ; 30hd ; 32 cg ; 32bc ; 33hd ; 33cd ; 33bg ; 36bg ; 36bd ; 37bg ; 44 hg ; 44hc ; 44 bd ; 45hc ; 45hd ; 45 b ; 49hg ; 49hd ; 49 bg ; 50hg ; 50hd ; 50bg ; 50bd ; 55hd ; 55bd ; 56hg ; 56bg ; 56bd ; 58hd ; 59hd ; 60b ; pages de garde, mois de février et de décembre

AUTRES PHOTOS : DR

© ÉDITIONS PLAY BAC 2002. 33, RUE DU PETIT-MUSC. 75004 PARIS. www.playbac.fr

ISBN : 2-84203-504-6

Loi n° 49956 du 16 juillet 1949 sur les publications destinées à la jeunesse.
Dépôt légal : octobre 2002. Imprimé à Singapour par TWP.

Toute représentation ou reproduction intégrale ou partielle faite sans le consentement de l'auteur ou de ses ayants droit ou ayants cause est illicite (Article L122-4 du Code de la propriété intellectuelle). Cette représentation ou reproduction, par quelque procédé que ce soit, constituerait une contrefaçon sanctionnée par les articles L335-2 et suivants du Code de la propriété intellectuelle.

2 3 4 5 6 7 8 9

janvier	février	mars	avril	mai	juin